AF231759

CERCLE RÉPUBLICAIN

DE CHALONS-SUR-MARNE

RÈGLEMENT

STATUTS

*Approuvés par l'Assemblée Générale
du 18 Juin 1887*

CHALONS-SUR-MARNE

IMPRIMERIE DU LIBÉRAL DE LA MARNE

40, Rue Saint-Jacques, 40

1887

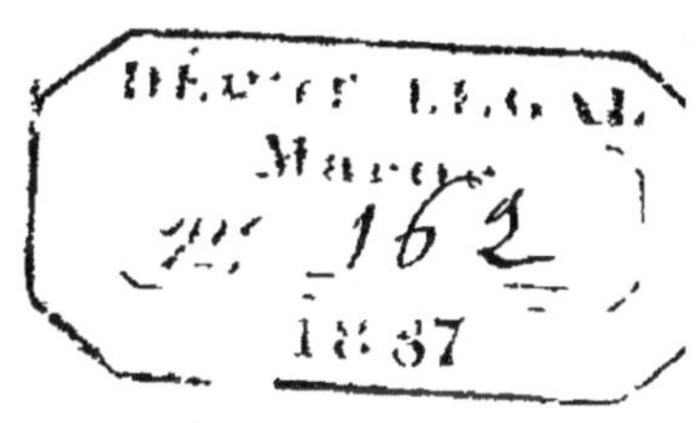

CERCLE RÉPUBLICAIN

DE CHALONS-SUR-MARNE

RÈGLEMENT

STATUTS

*Approuvés par l'Assemblée Générale
du 18 Juin 1887*

CHALONS-SUR-MARNE

IMPRIMERIE DU LIBÉRAL DE LA MARNE

40, Rue Saint-Jacques, 40

1887

CERCLE RÉPUBLICAIN DE CHALONS-SUR-MARNE

RÈGLEMENT

STATUTS

Approuvés par l'Assemblée générale du 18 Juin 1887

CHAPITRE Ier

De la formation de la Société

ARTICLE PREMIER. — Sous le titre de *Cercle républicain*, il est formé une Société dont le but est d'ouvrir : 1º Un salon pour la lecture des journaux, écrits périodiques et ouvrages nouveaux ; 2º des salles pour le billard et autres jeux autorisés par le présent règlement.

ART. 2. — Les heures d'ouverture et de fermeture

du Cercle seront fixées par la Commission administrative qui pourra toujours les modifier selon les circonstances.

CHAPITRE II

Des membres de la Société, de leur admission et de leur démission

ART. 3. — Toute personne désirant faire partie de la Société adresse par écrit sa demande au Président de la Commission administrative. Cette demande doit être appuyée par quatre Sociétaires ne faisant pas partie de la Commission. Elle est présentée à la Commission qui l'examine, en confère au besoin avec les parrains, et fixe ou ajourne l'époque du vote ; l'ajournement ne peut dépasser trois mois.

ART. 4. — Les nom, prénoms, profession et demeure du candidat sont affichés dans l'une des salles de la Société, de même que les noms des personnes qui l'ont présenté. Cette affiche est apposée un dimanche ; il est voté sur l'admission le samedi soir et le dimanche suivants. Les Sociétaires sont, à cet effet, avertis à domicile, au moins trois jours à l'avance.

ART. 5.— Un membre de la Commission administrative ou, à son défaut, un membre de la Société désigné par le Président de cette Commission, est chargé de surveiller le scrutin, de l'ouvrir, de le dépouiller, et d'en proclamer immédiatement le résultat.

Le scrutin est secret ; il est ouvert le samedi de 5 heures à 11 heures du soir, et le dimanche de 9 heures du matin à 6 heures du soir.

Art. 6. — Chaque votant, avant de déposer son suffrage, inscrit son nom sur une feuille à ce destinée.

Art. 7. — Le scrutin n'est valable qu'autant que le tiers du nombre total des Sociétaires y a concouru.

Art. 8. — Dans tous les cas, et quel que soit le nombre des votants, le candidat, pour être admis, devra réunir au moins les cinq sixièmes des suffrages exprimés.

Art. 9. — On n'est pas admis pour moins d'un an. Le membre admis paie le mois commencé. L'admission oblige d'ailleurs le nouveau membre à toutes les charges imposées aux membres de la Société.

Art. 10. — Ne peuvent faire partie de la Société ou cesseraient d'en faire partie le cas échéant :

1º Les mineurs ;
2º Les interdits ;
3º Les faillis non réhabilités ;
4º Ceux qui auraient subi une condamnation susceptible d'entacher l'honneur.

Néanmoins, par exception, les fils de Sociétaires pourront être admis au titre de membre, lorsqu'ils auront atteint l'âge de dix-huit ans.

Ils devront produire à cet effet l'autorisation de leur père qui demeurera pour eux personnellement responsable de toutes les obligations imposées aux Sociétaires.

ART. 11. — Tout membre qui ne jugerait pas à propos de rester Sociétaire pour l'année suivante devra le déclarer par écrit au Président de la Commission administrative avant le premier décembre de chaque année.

ART. 12. — Le deux janvier, le Secrétaire de la Commission dresse la liste des Sociétaires pour l'année suivante qui commence au 1er juillet. Les noms de ceux qui y sont compris forment le tableau de la Société pour l'exercice suivant. Ils sont réabonnnés pour un an.

ART. 13. — Tout membre du Cercle qui cesse d'en faire partie, pour quelque cause que ce soit, n'a aucune répétition à faire pour les sommes par lui acquittées.

Il est tenu de payer sa cotisation jusqu'à l'époque à laquelle, aux termes de l'article qui précède, son abonnement aurait dû cesser.

ART. 14. — Il est fait exception aux articles 9, 11 et au deuxième § de l'article 13 qui précèdent en faveur des membres qui cessent d'habiter la ville ; ceux-ci ne sont tenus de payer que la cotisation du trimestre pendant lequel a lieu leur départ.

CHAPITRE III

Des Visiteurs

ART. 15. — Tout Sociétaire, sous sa responsabilité personnelle, jouit de la faculté d'amener avec lui dans les salons du Cercle, à titre de visiteur, une personne domiciliée à Châlons.

Chaque Sociétaire ne pourra user de cette faculté que douze fois par année ; toutefois, dans des cas exceptionnels, le Président pourra autoriser une dérogation à cette règle.

ART. 16. — Les membres du Cercle ont également le droit, et sous la même responsabilité, de présenter au Président, à titre de visiteurs et pour quinze jours au plus, une ou plusieurs personnes non domiciliées à Châlons.

ART. 17. — La Commission administrative est autorisée à admettre, pour un ou plusieurs mois, des personnes étrangères à la ville, au moyen d'une cotisation de trois francs par mois.

Art. 18. — Il sera ouvert un registre indiquant : 1º les noms, qualités et demeures des personnes présentées en conformité des articles 15 et 16 ; 2º les noms des membres qui les ont présentées et qui devront eux-mêmes inscrire sur ce registre les mentions exigées par le présent article ; 3º la date de leur présentation.

Les noms des personnes admises au mois seront affichés dans l'une des salles.

CHAPITRE IV
De l'Assemblée Générale et de l'Administration

Art. 19. — Chaque année, dans le courant du mois de Juin, l'Assemblée générale des membres du Cercle, convoquée au moins dix jours à l'avance, arrête le compte du Trésorier pour l'année qui finit, et vote le budget de l'année suivante, ainsi que les montants de la cotisation et du droit d'admission.

La réunion de l'Assemblée générale est annoncée en outre par des affiches placées dans les diverses salles.

Art. 20. — La Société est administrée par une Commission composée de neuf membres. Cette Commission est nommée par l'Assemblée générale, en un seul scrutin, à la pluralité des suffrages.

Les membres de la Commission sont renouvelés par tiers, d'année en année, dans la réunion générale des Sociétaires qui a lieu dans le courant du mois de Juin. A la fin de la 1re et de la 2e année, les membres sortants sont désignés par le sort ; ils ne peuvent être réélus qu'après un an d'intervalle.

Toutefois, en cas de mort, de démission ou de départ d'un ou de plusieurs membres de la Commission, une assemblée générale pourra être convoquée à l'effet de pourvoir à cette vacance.

ART. 21. — Les neuf membres élus désignent parmi eux, au scrutin secret, le Président, le Secrétaire et le Trésorier. Les deux premiers sont de droit Président et Secrétaire de l'Assemblée générale.

ART. 22. — Le Président et le Secrétaire, en cas d'absence, sont suppléés par des membres de la Commission, savoir : le Président par le membre le plus âgé, et le Secrétaire par le membre le plus jeune.

ART. 23. — Aucune délibération de la Commission administrative ne peut être prise par moins de cinq membres.

En cas de partage des voix. celle du Président est prépondérante.

ART. 24. — Il est tenu un registre des délibérations de la Commission ; chaque délibération est signée par le Président et le Secrétaire.

Art. 25. — La Commission administrative est chargée de l'organisation intérieure de l'établissement ; elle propose le budget annuel de la Société ; veille à la rentrée des fonds ; désigne les feuilles périodiques qui seront mises en lecture, et connaît de toutes les infractions aux présents statuts.

Elle est chargée en général de tout ce qui est relatif à la conclusion des traités et marchés, a leur exécution, ainsi que de tout ce qui se rapporte au service journalier de l'établissement. Elle peut déléguer à chacun de ses membres une partie de ses fonctions en ce qui concerne la surveillance et le maintien du bon ordre.

Art. 26. — Le Président de la Commission fait exécuter ses délibérations. Les mandats de paiement pour les dépenses sont signés par lui.

Art. 27. — Le Secrétaire rédige les délibérations. dresse la liste des membres et adresse les avis de convocation.

Art. 28. — Le Trésorier, outre ses fonctions spéciales, est chargé de signer les marchés et de faire tous actes ou poursuites nécessaires pour assurer la rentrée des cotisations, amendes et autres créances.

ART. 29. — La cotisation est payée d'avance de trois mois en trois mois, entre les mains du Trésorier qui en donne quittance ou acquit.

ART. 30. — Aucune proposition, à moins toutefois qu'elle n'émane de 25 membres, ne peut être soumise à l'Assemblée générale qu'après avoir été communiquée, au moins six jours à l'avance, à la Commission administrative, qui reste juge de l'opportunité de sa présentation.

CHAPITRE V

De la Police

ART. 31. — La police de la Société est confiée aux membres de la Commission administrative.

ART. 32. — Le refus de paiement de la cotisation, quinze jours après la mise en demeure, et les infractions graves à l'ordre. aux convenances, aux bons rapports qui doivent exister entre tous les membres du Cercle, seront examinés par la Commission administrative. Cette Commission, après avoir entendu les contrevenants, prononcera. soit un rappel à l'ordre, soit une amende de dix francs au maximum, soit l'appel à l'Assemblée générale des Sociétaires, laquelle, à la majorité absolue des suffrages, infligera une amende qui pourra s'élever jusqu'à vingt francs, ou même prononcera, s'il y a lieu, l'exclusion temporaire ou définitive.

La délibération de l'Assemblée générale ne pourra être valablement prise qu'autant que le tiers au moins de la totalité des membres inscrits au tableau y aura concouru; et le vote aura lieu au scrutin secret.

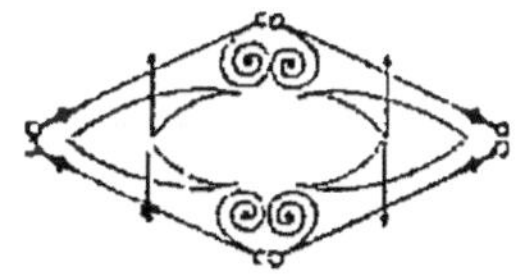

Imp. du *Libéral* rue Saint-Jacques, 40, Châlons-sur-Marne.

www.ingramcontent.com/pod-product-compliance
Lightning Source LLC
LaVergne TN
LVHW021737030726
842523LV00004B/1483